piano • vocal • guitar

steven curtis chapman
all things new

ISBN 0-634-08797-5

HAL•LEONARD® CORPORATION
7777 W. BLUEMOUND RD. P.O. BOX 13819 MILWAUKEE, WI 53213

Visit Hal Leonard Online at
www.halleonard.com

StevenCurtisChapman.com

ALL THINGS NEW

Words and Music by
STEVEN CURTIS CHAPMAN

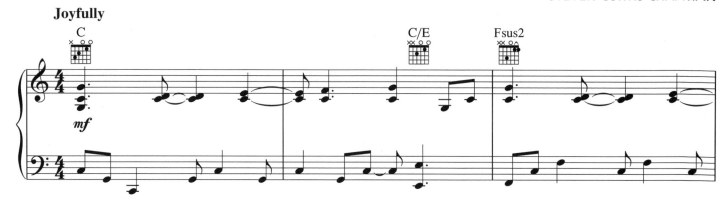

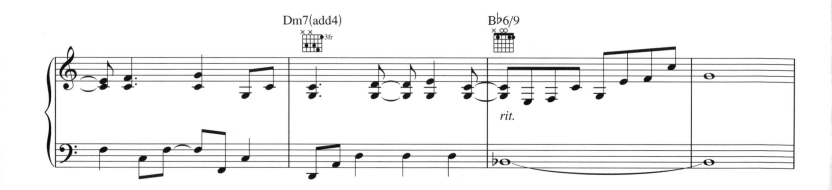

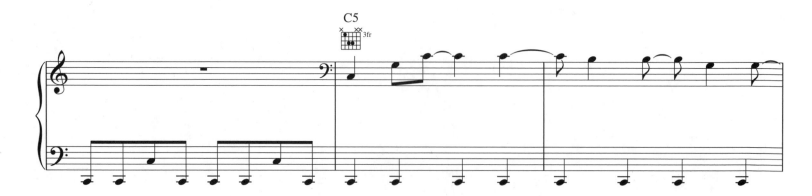

breathe the breath of life into to it o - ver and o - ver a -

- gain. You made the sun - rise

day af - ter day

af - ter day, but

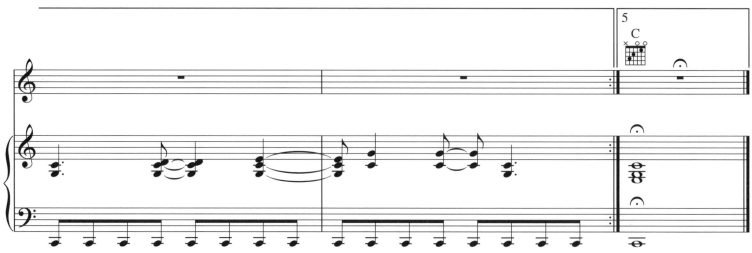

MUCH OF YOU

Words and Music by
STEVEN CURTIS CHAPMAN

ONLY GETTING STARTED

Words and Music by
STEVEN CURTIS CHAPMAN

Cajun Rock feel

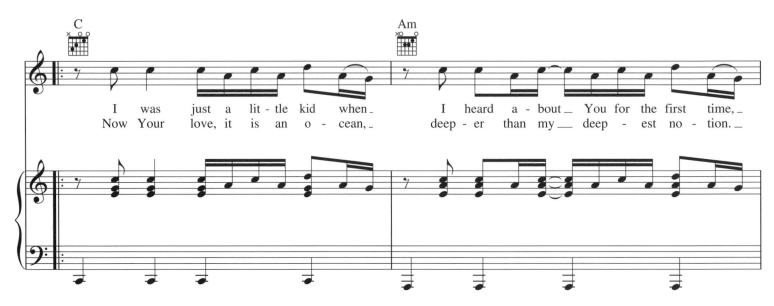

I was just a lit - tle kid when __ I heard a - bout __ You for the first time, __
Now Your love, it is an o - cean, __ deep - er than my __ deep - est no - tion. __

and all I real - ly, real - ly knew for sure ___ is You were God. I want - ed to know ___
Your grace, it ___ is the sky a - bove; ___ it just keeps on go - ing for - ev -

___ You. And now the years ___ have come and gone; ___ I'm still sing - ing that same song.
- er. And with ev - 'ry new sun - rise ___ You come and o - pen up my eyes, ___

You might think by now ___ I would have reached the end, _____ but the truth is
show me just ___ a lit - tle more of You, _____ and a - gain I see that

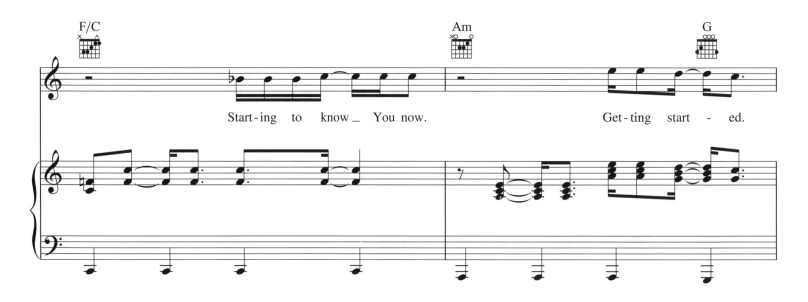

Start-ing to know _ You now.   Get-ting start - ed.

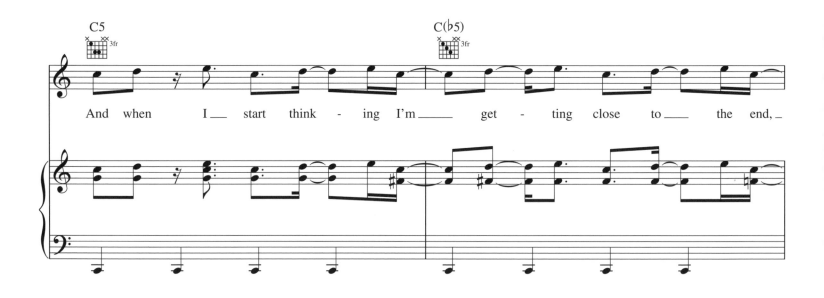

And when I _ start think - ing I'm ____ get - ting close to ___ the end, _

____ You ___ just smile at me and say, "Hey, kid, you ain't seen ___

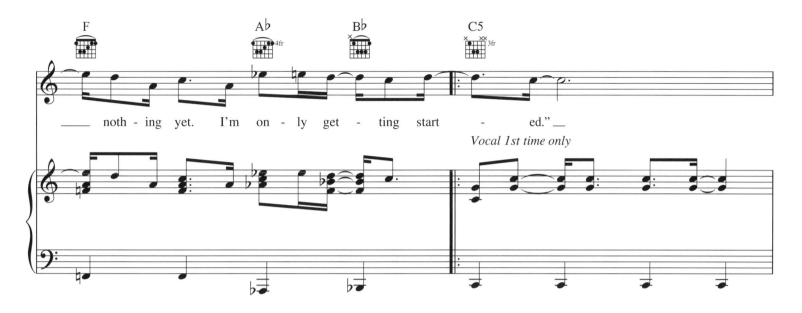

____ noth - ing yet. I'm on - ly get - ting start - ed." __

Vocal 1st time only

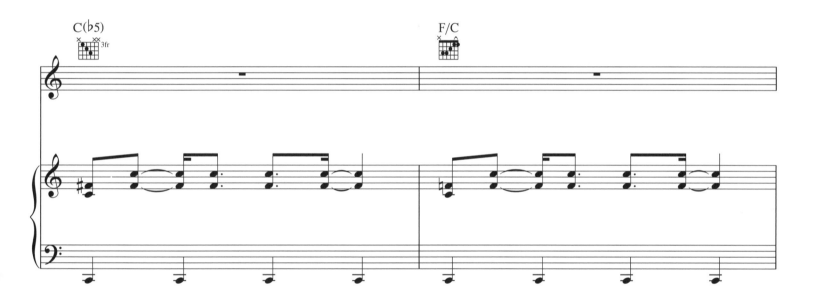

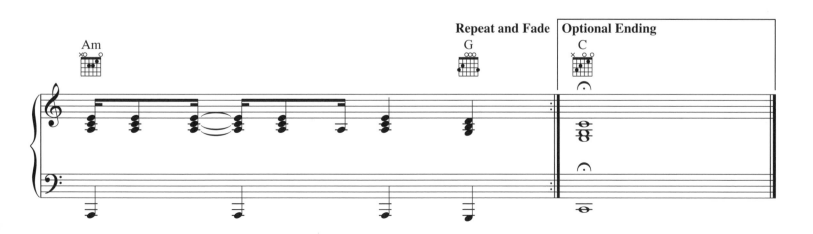

LAST DAY ON EARTH

Words and Music by
STEVEN CURTIS CHAPMAN

Moderately fast

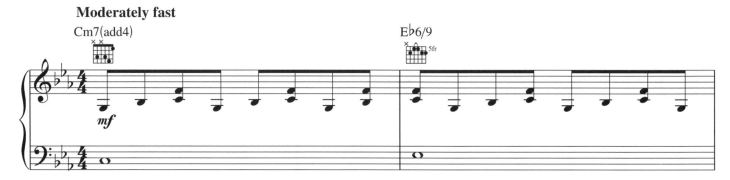

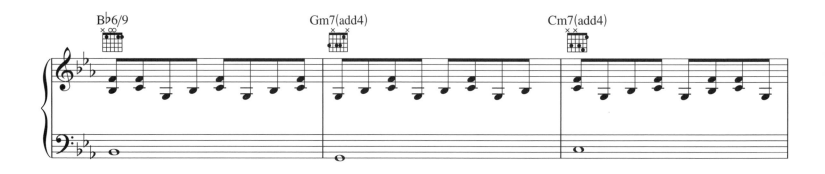

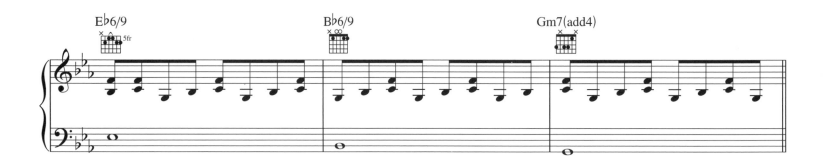

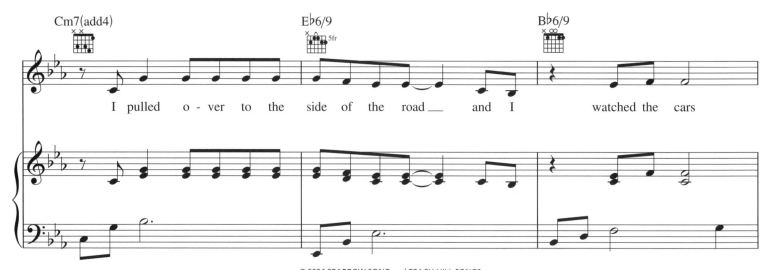

I pulled o-ver to the side of the road ___ and I watched the cars

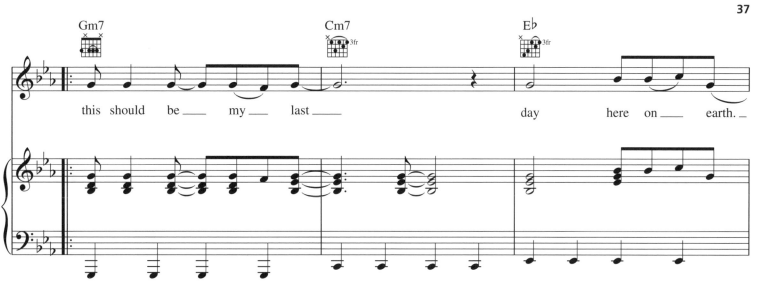

this should be __ my __ last __ day here on __ earth. __

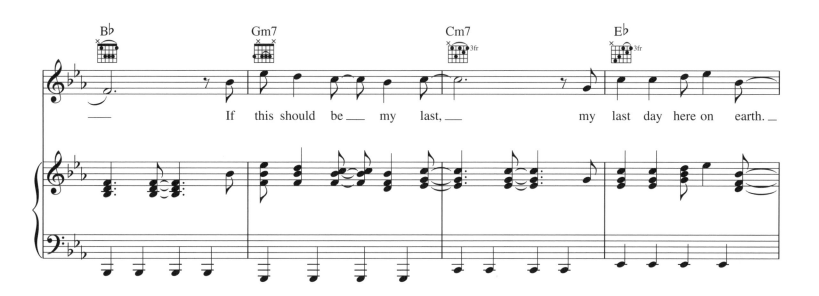

__ If this should be __ my last, __ my last day here on earth. __

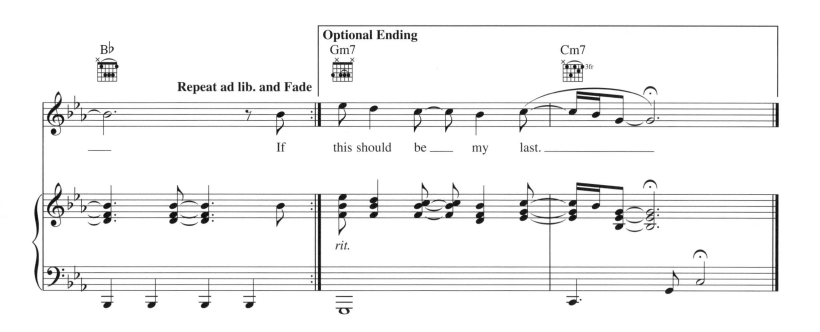

Optional Ending

Repeat ad lib. and Fade

__ If this should be __ my last. __

rit.

WHAT NOW

Words and Music by
STEVEN CURTIS CHAPMAN

saw the face _____ of Je - sus
saw the face _____ of Je - sus

PLEASE ONLY YOU

Words and Music by
STEVEN CURTIS CHAPMAN

Moderate Rock beat

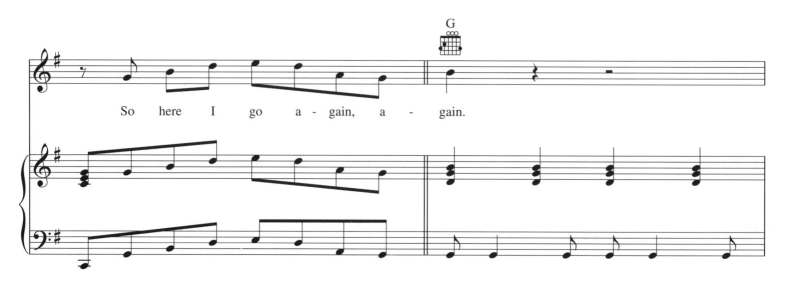

So here I go a - gain, a - gain.

* Recorded a half step lower.

For ev - 'ry mo - ment of my time,

for ev - 'ry thought that fills my mind,

for ev - 'ry mel - o - dy and rhyme, _____ this

is my prayer __ that I'll __ be pray - ing: _____

COMING ATTRACTIONS

Words and Music by
STEVEN CURTIS CHAPMAN

THE BIG STORY

Words and Music by
STEVEN CURTIS CHAPMAN

BELIEVE ME NOW

Words and Music by STEVEN CURTIS CHAPMAN
and JAMES ISAAC ELLIOT

lieve Me now, ___   be -

lieve Me now, ___   be -

lieve ___ Me now. ___

ANGELS WISH

Words and Music by
STEVEN CURTIS CHAPMAN

I BELIEVE IN YOU

Words and Music by
STEVEN CURTIS CHAPMAN

Moderate Ballad, in 2

Aren't you the lit - tle one _____
So man - y prayers we've prayed, _____

that hid in my arms, a - fraid _____ of the thun - der?
so man - y dreams to get _____ to this mo - ment.

TREASURE OF JESUS

Words and Music by
STEVEN CURTIS CHAPMAN